ACTES SUD-PAPIERS
Editorial : Claire David

Actes Sud-Papiers et le Théâtre de Sartrouville et des Yvelines-CDN se sont associés pour coéditer "Heyoka Jeunesse", une collection de pièces de théâtre qui s'adresse au public de jeunes lecteurs et spectateurs. Ainsi se construit un répertoire théâtral pour la jeunesse.

Illustrations de couverture et intérieur : Alice Gravier, 2011
Maquette : Maxence Scherf

© ACTES SUD/Théâtre de Sartrouville et des Yvelines-CDN, 2011
ISSN 0298-0592   ISBN 978-2-330-00033-2

L'ŒUF ET LA POULE

théâtre

Catherine Verlaguet

Illustrations d'Alice Gravier

Collection "Heyoka Jeunesse"

Pour Nina, Antonin et Alicia.

A Nina, ma fille, qui ne m'a pas encore posé LA question.

Je remercie Bénédicte Guichardon, Julie André, Caroline Darchen, Dominique Langlais, Corinne Dermy et toute l'équipe du Bel Après-Minuit, Dominique Bérody, ainsi qu'Alain Mollot.

Personnages
Antonin
Maman
Papa

1

ANTONIN

Maman, on dirait que quelqu'un lui souffle tous les jours un petit peu dans le nombril.

2

ANTONIN

Je crois que c'est papa qui souffle tous les jours un petit peu dans le nombril de maman.
Même que je crois que ça doit lui faire un petit peu mal, à maman, vu que des fois, je l'entends un peu crier.
Mais n'empêche, le lendemain, elle a quand même l'air de bonne humeur, vu qu'elle sourit alors… quand même, je me dis que ça doit lui faire du bien, même si sur le coup, ça lui fait un petit peu mal. Peut-être.
Un peu comme quand on fait caca : des fois, ça fait un peu mal, mais après, on se sent mieux.
Souffler dans le nombril, ça doit faire ça. Je pense.
La question est : à quoi ça sert, de souffler dans le nombril de quelqu'un ?

3

MAMAN

Tu préfères quoi chéri ? Un petit frère ou une petite sœur ?

ANTONIN

Un petit tracteur.

4

ANTONIN

A l'école, j'ai demandé à Nina de me souffler dans le nombril. Elle a accepté. Mais ça n'a rien fait.
Alors c'est moi qui lui ai soufflé dans le nombril. Mais ça n'a rien fait non plus.
Alors maintenant, je sais plus.

5

ANTONIN

Papa ?

PAPA

Hum ?

ANTONIN

Qu'est-ce qu'elle a maman ?

PAPA

Maman ? Ben… Rien !

6

PAPA

Il faudrait lui dire, quand même !

MAMAN

Lui dire quoi ?

PAPA

Lui expliquer !

MAMAN

Oui…

PAPA

Qu'il comprenne !

MAMAN

Oui…

PAPA

Il n'arrête pas de poser des questions !

MAMAN

Oui, ben…

PAPA

Tu devrais lui expliquer.

MAMAN

Moi ?

PAPA

Oui ! Toi ! Ce sont les femmes qui parlent !
Pas les hommes ! Alors…

MAMAN

Oui, mais là…

PAPA

"Là" quoi ?

MAMAN

C'est une conversation entre hommes.

7

Table du petit-déjeuner. Antonin est assis devant un œuf à la coque.

PAPA

Antonin ?
Tout à l'heure, et hier, et tous les autres jours, tu m'as demandé ce qu'elle avait, maman, et chaque fois, je t'ai répondu "rien".

Mais en fait, ce n'est pas vrai ; elle a quelque chose, ta mère.

ANTONIN

Tu m'as menti ?

PAPA

C'était pour ton bien.

ANTONIN

…

PAPA

Je t'ai menti parce que… ce n'est pas facile de… tu es un peu jeune, alors…
Mais ta mère et moi avons décidé qu'il était temps de t'expliquer.

ANTONIN

Tu m'as menti.

PAPA

Je pensais que tu étais un peu jeune et certaines choses, vois-tu, peuvent choquer les enfants, alors…
C'est compliqué.
C'était pour ton bien.

ANTONIN

Quand c'est pour le bien, on a le droit de mentir ?

PAPA

… Oui.
Mais seulement quand on est un papa ou une maman.

ANTONIN

Pourquoi ?

PAPA

Parce que les enfants… sont trop jeunes pour savoir ce qu'est VRAIMENT le bien et le mal.

ANTONIN

Mais mentir, c'est mal !

PAPA

Oui. Mais le bien et le mal, tu sais, c'est…
C'est compliqué.

ANTONIN

…

PAPA

Bon. Tu veux savoir ce qu'elle a, maman, oui ou mercredi ?

ANTONIN

Je veux savoir, mais je ne sais pas si tu ne vas pas me mentir encore alors…

PAPA

Je te promets de ne pas te mentir.

ANTONIN

…

PAPA

Je t'ai dit : ta mère et moi avons décidé de t'expliquer. Je n'ai plus besoin de te mentir.

ANTONIN

Alors d'accord, peut-être que je veux bien savoir.

PAPA

…
Bon.
Tu te rappelles qu'on t'a dit que tu allais avoir un petit frère ?

(Antonin hoche la tête. Le père ne sait pas comment continuer. Soudain, il s'empare de l'œuf à la coque.)

Ta mère, c'est un œuf.

(Antonin regarde son père l'air de lui demander s'il le prend pour un imbécile, ou quoi.)
Dans l'œuf, il y a le blanc et le jaune, hein ?
…
Bon. Eh bien, le jaune, en fait, c'est un poussin.

(Antonin se lève, stupéfait et horrifié, et cache sa bouche avec ses mains.)
Non, c'est-à-dire, si le coq avait…
Disons que, si on n'avait pas enlevé l'œuf à la poule, si la poule avait pu couver l'œuf, le jaune de l'œuf serait devenu un poussin.

Antonin s'en va, toujours aussi stupéfait et horrifié.

8

MAMAN

Alors ?

PAPA

Ben…

MAMAN

Tu lui as dit ?

PAPA

Pas entièrement

MAMAN

Pas entièrement ?

PAPA

On a parlé de l'œuf et de la poule.

MAMAN

Je suis l'œuf ? Ou la poule ?

PAPA

Je ne crois pas qu'il ait saisi la métaphore.

9

MAMAN

On va l'appeler Théo. Qu'est-ce que tu en penses Antonin ?

ANTONIN

J'en pense que Théo, c'est pas un nom pour un poussin et que, Pic-Pouik, c'est mieux.

MAMAN

Un poussin ?

ANTONIN

Hum.

MAMAN
(appelant)

Chéri ???

10

PAPA

Je t'ai dit que maman était comme un œuf.

ANTONIN

Tu as dit que maman ÉTAIT un œuf.

PAPA

Oui, mais c'était une image, une métaphore…

ANTONIN

C'est quoi une métaphore ?

PAPA

…
C'est quand on compare quelque chose de vrai à quelque chose de faux, pour l'expliquer.

ANTONIN

Pourquoi on utilise quelque chose de faux pour expliquer quelque chose de vrai ?

PAPA

…
C'est compliqué.
…
C'est poétique.
…
Une métaphore, c'est quand on utilise une image pour expliquer quelque chose.
…
Par exemple, si tes yeux sont verts, de dire : tes yeux sont de l'herbe fraîchement coupée au printemps.

ANTONIN

Ils sont marron, mes yeux.

PAPA

Bon, Antonin, tu veux savoir ce qu'elle a ta mère, oui ou mercredi ?

ANTONIN

Je veux savoir.

PAPA

Alors, une métaphore, c'est… si tes yeux sont marron, par exemple…

ANTONIN

Ils sont marron, mes yeux.

PAPA

Bien. Alors je pourrais dire : tes yeux sont le bois chaud qui brûle dans la cheminée.

ANTONIN

Hum.

PAPA

Alors tu comprends que maman n'est pas vraiment un œuf mais qu'elle est COMME un œuf.

ANTONIN

Hum.

PAPA

Elle est comme un œuf mais... pas comme un œuf de poule. Dans l'œuf de la poule, il y a... ?

ANTONIN

Un poussin.

PAPA

Et dans ta maman, il y a... ?

ANTONIN

Mon petit frère.

PAPA

Alors, tu comprends bien que c'est un petit frère que tu vas avoir, hein ? Pas un poussin.

ANTONIN

Hum.

PAPA

Et que... Pic-Pouik, c'est pas un prénom, pour un petit frère.

Que c'est très bien pour un poussin mais… comme ce n'est pas un poussin que tu vas avoir…

ANTONIN

Hum.

11

ANTONIN

Papa ?

PAPA

Hum ?

ANTONIN

T'as dit que maman, elle était comme un œuf…

PAPA

Oui ?

ANTONIN

Mais l'œuf, quand le poussin sort, il se casse !?

PAPA

Il se casse, oui, c'est vrai.

ANTONIN

Maman, elle va se casser ?

PAPA

… Non.

ANTONIN

Mais alors, comment il va sortir le petit frère ?

PAPA

…

Eh bien… Disons que, maman… elle est comme un œuf… mou.

ANTONIN

Un œuf mou ?

PAPA

Oui.

ANTONIN

Mais quand même : comment est-ce qu'il va sortir le petit frère ?

PAPA

Disons que… Un œuf mou, c'est un peu comme un ballon, hein ? Tu sais, les ballons que l'on gonfle ?

ANTONIN

Hum.

PAPA

Eh bien, le ballon, si tu l'ouvres, l'air sort.

ANTONIN

Hum.

PAPA

Eh bien… Disons que, maman… elle est comme un ballon gonflé et que, quand elle va se dégonfler, ton petit frère va être… expulsé, en même temps que l'air du ballon.

ANTONIN

Hum.

(Un temps.)
Papa ?

PAPA

Hum.

ANTONIN

Alors en fait, maman, elle est comme un ballon !?

PAPA

C'est ça.

ANTONIN

Alors, pourquoi t'as dit qu'elle était comme un œuf ?

PAPA

…
A cause du poussin.
…
Dans les œufs, il y a les poussins, tu te rappelles, le jaune de l'œuf ?

(Antonin remet ses mains devant la bouche, l'air de dire qu'il ne mangera plus jamais d'œuf de sa vie.)

Dans les œufs, il y a les poussins. Dans ta maman, il y a ton petit frère. Alors que dans un ballon, il n'y a que de l'air.

ANTONIN

Que de l'air.

PAPA

Que de l'air.

ANTONIN

Il n'y a pas d'air dans maman ?

PAPA

Non.

ANTONIN

Mais tu as dit que c'était l'air qui expulsait les petits frères, quand on ouvrait le ballon !

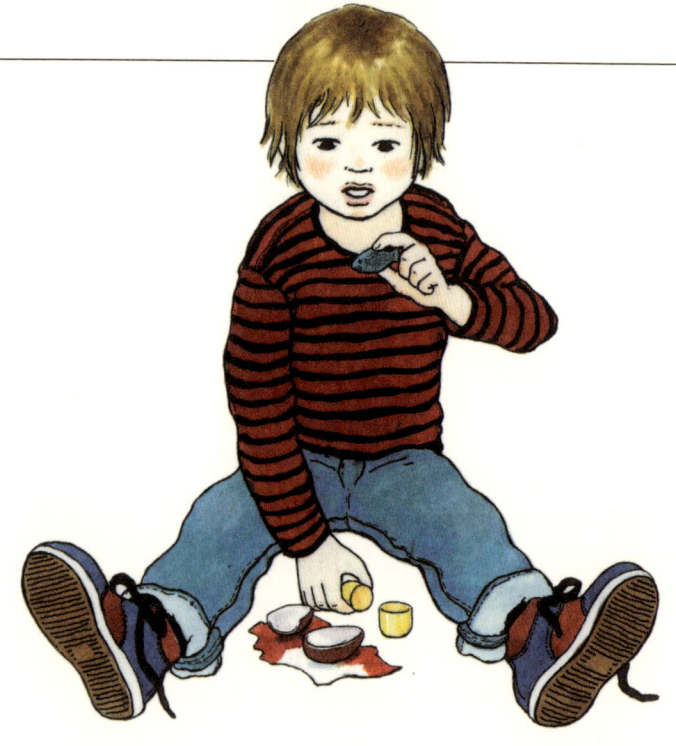

PAPA

… Oui, j'ai dit ça, c'est vrai.

…

Mais tu sais… Dans un œuf, il y a le jaune, et le blanc !

ANTONIN

Hum.

PAPA

Et… si on avait laissé l'œuf à la poule, le jaune serait devenu un poussin, hein ?

ANTONIN

Hum.

PAPA

Eh bien, il serait devenu un poussin parce que petit à petit, il aurait mangé tout le blanc pour devenir grand et fort.

ANTONIN
…

PAPA
Eh bien, ton petit frère, il fait pareil.

ANTONIN
…
Maman, elle est pleine de blanc d'œuf ?

PAPA
Pas de blanc d'œuf, parce qu'elle n'est pas une poule, mais de quelque chose de liquide, oui, dont ton petit frère se nourrit pour devenir grand et fort. Et c'est ce liquide qui expulsera ton petit frère.

ANTONIN
Hum.
…
Alors maman, elle est comme un ballon qui, en fait, serait un œuf, mais mou, et qui, au lieu de se casser pour laisser sortir un poussin, va se dégonfler pour expulser un petit frère.

PAPA
C'est ça.

12

ANTONIN
Papa ?

PAPA
Hum.

ANTONIN
C'est par le nombril qu'elle va se dégonfler, maman ?

PAPA

… Non.

ANTONIN

Alors, par où ?

PAPA

D'abord, elle ne va pas vraiment se dégonfler parce que – tu te rappelles ? – ce n'est pas de l'air qu'elle a à l'intérieur, maman, mais, en fait, de l'eau.

ANTONIN

De l'eau ?

PAPA

Oui.

ANTONIN

Mais, comment il fait pour respirer, mon petit frère ?

PAPA

Il ne respire pas encore comme toi. Pour l'instant, il est comme un petit poisson.

ANTONIN

Dans maman, qui est comme un œuf, mais mou comme un ballon, il y a mon petit frère, qui est comme un poussin qui serait un poisson ?

PAPA

…
C'est ça.

Antonin est sceptique.

ANTONIN

Pic-Pouik, c'est pas très bien pour un poisson.

PAPA

Ce n'est pas très bien non plus pour un petit frère. On en a déjà parlé !

ANTONIN

On pourrait l'appeler… Flog ?

PAPA

Ton petit frère ?

ANTONIN

Ou… Pouik-Flog.

PAPA

Ta mère et moi, on pensait à Théo.

ANTONIN

Moi, je trouve que Pouik-Flog, c'est mieux. Parce que Théo, franchement, il y en a un dans ma classe et il est nul en foot.

PAPA

Nul en foot ?

ANTONIN

Oui.

PAPA

Mais le nôtre, il sera très, très fort en foot, tu verras.

Un temps.

ANTONIN

Quand même, Pouik-Flog, c'est mieux.

PAPA

Je vais en parler avec ta mère, d'accord ?

Un temps.

ANTONIN

Alors, par où il va sortir le petit frère ?

PAPA

Par… Ecoute Antonin, tu ne voudrais pas qu'on parle de ça une autre fois ? On a déjà parlé de l'eau aujourd'hui ! On n'est peut-être pas obligés de tout aborder le même jour, hein ?

ANTONIN

Mais, je veux juste savoir par où maman va se dégonfler !

PAPA

Se… Bon. D'accord. Par…
(Il montre son entrecuisse d'un doigt.)
… là.

Antonin met ses mains devant la bouche, stupéfait et horrifié. Le père sourit, content d'avoir cloué le bec à son fils. Antonin sort, toujours stupéfait et horrifié. Le père peut enfin vaquer à ses occupations.

13

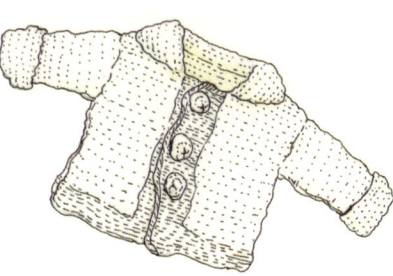

ANTONIN

Papa ?

PAPA

Hum ?

ANTONIN

(très embêté et inquiet)
Comment il va faire, le petit frère ?

PAPA

Hum ?

ANTONIN

Pour sortir… par… là ?

PAPA
…
Demande à ta mère.

14

MAMAN
Eh bien… en fait… c'est très simple. Le bébé, à force de grandir, de grossir, il n'aura plus de place. Alors il faudra bien qu'il sorte, hein !? Alors, il se mettra à pousser, à pousser fort, très fort, avec sa tête, vers le bas, fort, fort, fort. Et puis mon ventre aussi, pour l'aider, il se contractera fort, fort, fort, comme ça, hun, hun, pour le pousser et l'aider à sortir.

ANTONIN
Mais quand même, pourquoi il ne sort pas par le nombril, le petit frère ?

MAMAN
C'est comme ça mon cœur : tous les bébés sortent par là. Mais je te promets que ça se passe très bien comme ça depuis la nuit des temps.

PAPA
Et puis tu sais, un bébé, quand il sort, il est tout mou. ça aussi, ça aide !

ANTONIN
Tout mou ?

PAPA
Comme de la pâte à modeler.

MAMAN
Alors, quand il sort, quand il… passe, le bébé, il est tout fin ! Tu comprends ?

PAPA

Comme un très, très… long… haricot… vert.

ANTONIN

Hum.
Maman ?

MAMAN

Oui, chéri ?

ANTONIN

Le haricot vert, c'est une métaphore ?

MAMAN

Oui chéri.

ANTONIN

Alors, comment il va faire, EN VRAI, pour sortir, le petit frère, s'il n'est pas un haricot vert ?

MAMAN

Il sera, EN VRAI DE VRAI, tout fin. Parce que ses os seront encore tout mous.

ANTONIN

Il aura les os mous ?

MAMAN

Oui. Mais juste pour sortir. Après, petit à petit, ses os deviendront durs et forts et il pourra… jouer au foot !

ANTONIN

Mes os à moi aussi ils étaient mous ?

MAMAN

Bien sûr ! Tous les bébés ont les os mous quand ils… naissent !

Elle embrasse son fils et va pour sortir encore une fois.

ANTONIN

Maman ?

MAMAN

Oui, chéri ?

ANTONIN

…
Et papa alors, il sert à quoi ?

MAMAN

Papa ? Il sert à… aimer très fort maman pour… lui donner du courage et que… ça passe.

ANTONIN
(pas convaincu)

Hum.

15

ANTONIN

Les parents de Nina lui ont dit que pour faire un bébé, le papa et la maman se mettent tout nus et qu'ils font l'amour, comme ça *(il croise ses bras sur sa poitrine)*, en se serrant très fort.

16

ANTONIN

Papa ?

PAPA

Hum ?

ANTONIN

Comment il est rentré dans maman, le petit frère ?

PAPA

Il n'est pas rentré dans maman. C'est ta maman qui le fabrique, de l'intérieur.

ANTONIN

… Pourquoi ?

PAPA

Pourquoi elle fabrique ton petit frère ?

ANTONIN

Hum.

PAPA

Mais parce que… elle en a envie.

ANTONIN

Hum.

PAPA

Et moi aussi.

ANTONIN

Alors, pourquoi c'est pas toi qui le fabriques aussi un petit peu, le petit frère ?

PAPA

Parce que… Les papas ne fabriquent pas les petits frères. Seulement les mamans.

ANTONIN

… Pourquoi ?

PAPA

Parce que… Les papas ne PEUVENT pas. Ils n'ont pas ce qu'il faut, à l'intérieur.

ANTONIN

Qu'est-ce qu'il faut, à l'intérieur ?

PAPA

… Il faut…
Bien. Tu sais, les garçons et les filles n'ont pas le même corps, hein ?

ANTONIN

Non.

PAPA

Les garçons ont…

ANTONIN

Des zizis.

PAPA

Et les filles ont…

ANTONIN

Rien.

PAPA

…
Non, elles n'ont pas rien, elles ont ?

ANTONIN

Des zézettes.

PAPA

C'est ça.
Eh bien… En fait… Ce que les garçons ont à l'extérieur, les filles l'ont à l'intérieur, et c'est avec ça qu'elles fabriquent les bébés.

ANTONIN

…
Elles ont un zizi à l'intérieur ?

PAPA

En quelque sorte.

ANTONIN

Quand le zizi est à l'intérieur, on peut fabriquer des bébés avec ?

PAPA

Ben...

ANTONIN

Chez nous, il est tombé ?

PAPA

Non, il...

ANTONIN

Il est cassé ?

PAPA
(appelant)

Chérie ?

MAMAN

Oui ?

PAPA

Tu peux venir une minute, là ?
Ça devient compliqué !!!

La mère arrive.

ANTONIN

A quoi ça sert d'avoir un zizi à l'extérieur ?

MAMAN

Mais qu'est-ce que tu lui as raconté ?

PAPA

Ben...

ANTONIN

Les filles, avec leur zizi, elle peuvent fabriquer des petits frères !

MAMAN

Tu lui as dit que les filles avaient un zizi à l'intérieur ?

PAPA

Oui, mais… Je ne savais plus quoi dire, moi !

ANTONIN

Maman ?

MAMAN

Oui mon chéri ?

ANTONIN

Il est cassé mon zizi ?

MAMAN

Mais non mon chéri ! Qui est-ce qui t'a mis des idées pareilles en tête !?

ANTONIN

C'est papa.

MAMAN

Chéri, sans le zizi des garçons, il n'y aurait pas non plus de petits frères. Un papa et une maman, c'est une équipe ! Il faut les deux pour que ça marche. Demande à ton père, tiens : il va t'expliquer, lui.

PAPA

Ah, ben, non, mais… t'étais bien partie, là ! Tu fais ça tellement mieux que moi, toi ! Toutes ces conversations entre hommes, euh… "comment on fait les bébés ?"… Mais j'en sais rien, moi !

ANTONIN

Papa ?

PAPA

Demande à ta mère.

ANTONIN

Nina, elle m'a dit que ses parents lui avaient dit que pour faire un bébé, il fallait faire l'amour.

PAPA ET MAMAN

Ah bon ?

MAMAN

Elle t'a dit ça, Nina ?

PAPA

Et… Elle t'a dit autre chose, Nina ?

ANTONIN

Que pour faire l'amour, il fallait se mettre tout nus et se serrer très fort dans les bras. Comme ça.

MAMAN
(à papa)

Pourquoi tu n'utilises pas le bon vieux truc de la petite graine ?

La mère sort.

17

PAPA

Bon.
Si… on… se met tout nus et qu'on se serre très fort dans les bras… c'est pour… que les petites graines… puissent… passer.

ANTONIN

Quelles graines ?

PAPA

Dans le zizi des garçons, il y a des petites graines.

ANTONIN

Dans mon zizi, il y a des graines ?

PAPA

Pas encore dans le tien, parce que tu es trop petit. Mais quand tu seras plus grand.

ANTONIN

Quand j'aurai des enfants ?

PAPA

Avant.

ANTONIN

Quand ?

PAPA

Quand tu seras plus grand.

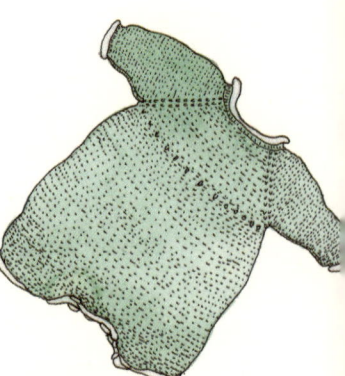

ANTONIN

Quand j'aurai cinq ans ?

PAPA

Plutôt… treize. Peut-être douze.

ANTONIN

Douze ou treize ?

PAPA

Antonin ! Tu veux savoir comment on fait les petits frères, oui ou mercredi ?

ANTONIN

Je veux savoir quand est-ce que j'aurai des graines dans mon zizi !

PAPA

Quand tu auras douze ans.

ANTONIN

Douze ans.

PAPA

Ou treize.

ANTONIN

Douze ou treize ?

PAPA

Ça dépend des garçons, Antonin. Je ne peux pas savoir maintenant.

ANTONIN

Peut-être huit ?

PAPA

Non.

ANTONIN

Trente-deux quatorze ?

PAPA

… Non. Douze ou treize.

ANTONIN

Combien de fois il faut dormir pour que j'aie douze ans ?

PAPA

Beaucoup.

ANTONIN

Combien ?

PAPA

Je ne sais pas Antonin ! Et puis, ce ne sera peut-être pas douze ans, ce sera peut-être onze, on s'en… moque !!!

ANTONIN

Pffff. C'est nul.

PAPA

Mais non c'est pas nul, tu verras : ça arrivera quand ça arrivera, comme les filles et leurs…

ANTONIN

Leurs quoi ?

PAPA

Rien.

ANTONIN

Mais comment je saurai quand j'aurai des graines dans mon zizi ?

PAPA

Tu le sauras. C'est tout.

ANTONIN

Comment ?

PAPA

Parce que… des fois, tu les verras… sortir.

ANTONIN

De mon zizi ?

PAPA

Oui.

ANTONIN

Des graines ?

PAPA

… Oui.

ANTONIN

Sortir et… tomber par terre ?

PAPA

… Peut-être.

ANTONIN

Mais… Il faudra les ramasser ?

PAPA

Les nettoyer, oui, il ne faudra pas… les laisser traîner.

ANTONIN

Et… si elles tombent par terre et que je ne les ramasse pas ?

PAPA

Alors c'est sale.

ANTONIN

Mais… des petits frères vont pousser ?

PAPA

Non. Pas par terre, non.

ANTONIN

Pourquoi ?

PAPA

Parce que, je te l'ai dit, seulement les mamans savent fabriquer les petits frères.

ANTONIN

Pourquoi ?

PAPA

Parce que c'est comme ça : les papas fabriquent les graines, ils les donnent aux mamans, qui fabriquent les petits frères.

ANTONIN

Alors les mamans, c'est comme des pots.

PAPA

… C'est ça.

ANTONIN

Des pots à petits frères.

PAPA

… C'est ça.

ANTONIN

… C'est les mamans qui ont le terreau.

PAPA

… Voilà.

ANTONIN

Alors toi, t'as donné tes graines à maman ?

PAPA

Oui.

ANTONIN

Combien il faut de graines pour faire un petit frère ?

PAPA

Des milliers.

Antonin met ses mains devant la bouche, stupéfait et horrifié.

ANTONIN
(murmurant)

Des milliers ?

PAPA

Oui.

ANTONIN

Qui sont sorties de ton zizi ?

PAPA

Oui.

ANTONIN

Moi aussi j'aurai des milliers de graines qui sortiront de mon zizi ?

PAPA

Oui.

ANTONIN

Et moi, quand j'aurai des graines, je les donnerai à maman ?

PAPA

… Non.

ANTONIN

Alors à qui ?

PAPA

Ben… Un jour, tu rencontreras une fille que tu aimeras beaucoup, beaucoup, beaucoup et… tu lui donneras tes graines.

ANTONIN

Hum.

PAPA

Pour qu'elle te fabrique tes enfants.

ANTONIN

Hum.
Et…

PAPA

Oui ?

ANTONIN

C'est pour lui donner mes graines qu'il faudra qu'on se mette tout nus et qu'on se serre très fort dans les bras ?

PAPA

Bon.
Alors.
Antonin.
Imagine que ton zizi, c'est une fusée.

ANTONIN

Une fusée comme celles qui vont sur la lune ?

PAPA

Exactement. Imagine que la femme que tu aimes, c'est la lune.

ANTONIN

Maman !

PAPA

Ah non ! Antonin ! Maman, c'est ma lune à moi ! Toi, pour ta fusée, il faudra que tu te trouves une autre lune !

ANTONIN

Nina !

PAPA

Par exemple. Et alors, quand tu l'auras trouvée, que tu seras sûr, sûr, sûr que c'est ta lune, tu seras tellement content…

ANTONIN

Content comme quand c'est les vacances ?

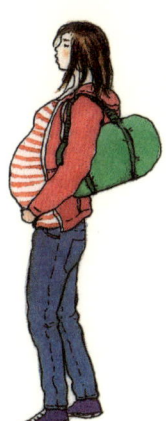

PAPA
… que tu auras l'impression que tu vas exploser : tu seras amoureux.

ANTONIN
Quand on est amoureux, on a l'impression qu'on va exploser ?

PAPA
Oui. Tu auras l'impression que tout, en toi, va exploser. Ton cœur par exemple, qui sera grand pourtant, puisque toi aussi tu seras grand, eh bien il ne sera jamais assez grand pour contenir tout l'amour que tu ressentiras, et tu auras l'impression qu'il va exploser. Et ton zizi, eh bien ton zizi, ce sera pareil : il se remplira de bonheur et il deviendra tout dur…

ANTONIN
Mon zizi aussi j'aurai l'impression qu'il va exploser ?

PAPA
Oui.

ANTONIN
Mais ça va faire mal !?

PAPA
Non. Non, Antonin. Rien ne fera mal. Je te parle de bonheur, là. Faire l'amour, faire un bébé, c'est… rien que du bonheur qui fait plaisir.

ANTONIN
Comme manger du chocolat : ça fait plaisir.

PAPA
Mieux que manger du chocolat.

ANTONIN

Ça fera du plaisir dans mon zizi.

PAPA

C'est ça. Et alors, avec ton amoureuse, vous vous ferez des bisous d'amour…

ANTONIN

Sur la bouche ?

PAPA

Sur la bouche.

ANTONIN

Bahhh !

PAPA

Des bisous d'amour partout, partout, partout…

ANTONIN

Je serai tout mouillé !

PAPA

Et alors, dans ton zizi tout dur, il y aura tes milliers de toutes petites graines, tu te rappelles ? Comme autant d'astronautes prêts à décoller.

ANTONIN

Des astronautes petits comme… des fourmis ?

PAPA

Plus petits.

ANTONIN

Des microbes ?

PAPA

Un tout petit peu plus gros. Imagine que… ces milliers d'astronautes, ils tiennent tous dans une gorgée d'eau.

Bon.
Et maintenant... tu te rappelles par où va sortir ton petit frère !?
Eh bien c'est par là aussi qu'il faudra que ton zizi passe pour libérer toutes tes graines à l'intérieur du ventre de ton amoureuse, pour qu'elle puisse, elle, commencer à vous fabriquer un bébé.

ANTONIN

Papa ?

PAPA

Oui, mon fils ?

ANTONIN

J'ai pas trop envie.

PAPA

C'est normal. T'inquiète pas : ça viendra.

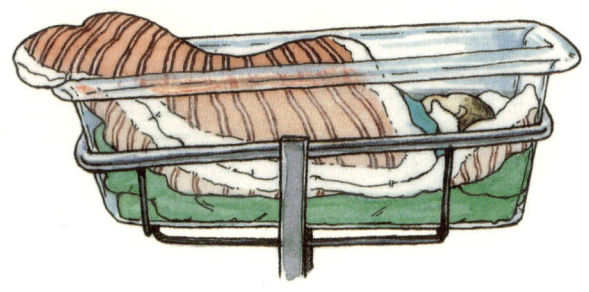

ANTONIN

Le petit frère est né.
Ils l'ont appelé Théo.
Ça m'étonnerait qu'il soit bon en foot, vu qu'il est même pas capable d'ouvrir ses yeux.
Je les avais prévenus.

En plus, il est tout froissé.
Comme une feuille sur laquelle j'aurais dessiné n'importe quoi alors je l'aurais jetée à la poubelle.
Maman va bien.
Elle a dégonflé. Presque.
Elle ne peut pas encore trop marcher mais… franchement, si Théo était sorti par mon zizi, moi aussi j'aurais du mal à marcher, vu que, franchement, il est beaucoup plus gros… qu'un œuf. Par exemple. Ou qu'un haricot vert. Ou même qu'un poussin.
Je pense que quand même, s'il était sorti par le nombril, ça aurait été plus simple.
Mais bon. Maintenant, c'est fait alors… Peut-être la prochaine fois, quand papa aura de nouvelles graines.

Je suis née en 1977. Je crois que je devais déjà écrire dans le ventre de ma mère car je ne me rappelle plus quand j'ai commencé. J'ai toujours voulu écrire, donner, partager, graver les histoires que j'avais dans la tête. Pour moi, tout ce qui n'est pas écrit n'existe pas. Alors c'est simple : je mange, je respire et j'écris. Je mange surtout des sucreries. J'aime respirer les soirées entre amis, la forêt après la pluie, les nuits d'été chez moi en Provence, et l'odeur de l'herbe fraîchement coupée. J'écris parce que j'aime visiter, fouiner, comprendre ce que d'autres vivent et ressentent. J'aime jouer à être quelqu'un d'autre, pour de vrai ; tous ces autres que j'écris. J'écris parce que j'ai envie de vivre plusieurs vies et, surtout, de pouvoir les contrôler. Et aussi parce que c'est magique, quand vous lisez ou jouez ce que j'ai imaginé, et que ça vous fait rire, ou pleurer.

Aujourd'hui, je suis maman. Quand ma fille était dans mon ventre, je me disais que si j'avais à lui expliquer comment elle était arrivée là, je serais bien embêtée. Alors je m'y suis collée.

CATHERINE VERLAGUET, JUIN 2011.

Collection "Heyoka Jeunesse"

Normand Chaurette, *Petit Navire*, 1999.
Joël Jouanneau et Marie-Claire Le Pavec, *Mamie Ouate en Papoâsie*, 1999.
Jean-Claude Grumberg, *Le Petit Violon*, 1999.
Wajdi Mouawad, *Pacamambo*, 2000.
Mike Kenny, *Pierres de gué*, 2000.
Jacques Rebotier, *Les Trois Jours de la queue du dragon*, 2001.
Jean-Claude Carrière, *Le Jeune Prince et la Vérité*, 2001.
Guillaume Le Touze, *Les Nuits de Léo*, 2002.
Jean-Pierre Milovanoff, *Les Sifflets de monsieur Babouch*, 2002.
Gilles Abier, *Le Reflet de Sam*, 2002.
Mohamed Rouabhi, *Jérémy Fisher*, 2002.
Jean-Claude Grumberg, *Marie des grenouilles*, 2003.
Anne Sylvestre, *Méchant !*, 2003.
Joseph Danan, *Les Aventures d'Auren, le petit serial killer*, 2003.
Jean-Claude Grumberg, *Iq et Ox*, 2003.
Joël Jouanneau, *L'Adoptée*, 2003.
Joël Jouanneau, *L'Ebloui*, 2004.
Serge Kribus, *Marion, Pierre et Loiseau*, 2004.
Jean-Claude Grumberg, *Pinok et Barbie*, 2004.
Mike Kenny, *Sur la corde raide* suivi de *L'Enfant perdue*, 2004.
Gérard Wajcman, *Le Voyage de Benjamin*, 2004.
Jean-Claude Grumberg, *Le Petit Chaperon Uf*, 2005.
Jöel Pommerat, *Le Petit Chaperon rouge*, 2005.
Alfredo Arias et René de Ceccatty, *La Belle et les Bêtes*, 2005.
Camille Laurens, Jean Debernard, Michaël Glück, Laurent Gaudé, Emmanuel Darley, *Les Cinq Doigts de la main*, 2006.
Jean-Claude Grumberg, *Mange ta main*, 2006.

Sylvie Bahuchet, *La Révolte des couleurs*, 2006.
Mohamed Rouabhi, *Un enfant comme les autres*, 2007.
Joël Jouanneau, *Le Marin d'eau douce*, 2007.
Mike Kenny, *Le Jardinier*, 2007.
Joseph Danan, *Jojo le récidiviste*, 2007.
Jean-Claude Grumberg, *Mon étoile*, 2007.
Guillaume Le Touze, *Les Ogres pupuces*, 2007.
Caroline Baratoux, *Le Petit Poucet*, 2008.
Eddy Pallaro, *Cent vingt-trois*, 2008.
Jean-Pierre Milovanoff, *La Carpe de tante Gobert*, 2008.
Joël Pommerat, *Pinocchio*, 2008.
Denis Lachaud, *Moi et ma bouche*, 2008.
Mike Kenny, *La Nuit électrique*, 2008.
Geneviève Brisac, *Je vois des choses que vous ne voyez pas*, 2009.
David Almond, *Petits sauvages*, 2009.
Olivier Py, *La Vraie Fiancée*, 2009.
Geneviève Brisac, *Je vois des choses que vous ne voyez pas*, 2009.
Gary Owen, *L'Ombre d'un garçon*, 2009.
Marion Aubert, *Les Orphelines*, 2009.
Joël Jouanneau, *L'Enfant cachée dans l'encrier*, 2009.
Olivier Balazuc, *L'Ombre amoureuse*, 2010.
Joseph Danan, *A la poursuite de l'oiseau du sommeil*, 2010.
Serge Kribus, *Le Murmonde*, 2010.
Joël Jouanneau, *PinKpunK CirKus*, 2011.
Serge Kribus, *Thélonius et Lola*, 2011.
Jean-Claude Grumberg, *Ma chère vieille Terre*, 2011.

Achevé d'imprimer en septembre 2011
par l'imprimerie XL PRINT – 42010 Saint-Etienne
Dépot légal : octobre 2011
N° d'imprimeur : V008379/00
(Imprimé en France)